¿QUÉ ES LA TORAH?

A BEKY Book ©

Hollisa Alewine PHD

DEDICACIÓN

*Para Alan que siempre ha sido mi más
grande alentador.*

CONTENIDO

INTRODUCCION

¿Qué es la Torah? Si tú estás leyendo este Libro, lo más seguro es que has estado escuchando esta palabra por familiares o amigos y lo más probable es que no eres Judío. O tal vez te estas preguntando porque esta palabra Judía siempre sale en las conversaciones cuando sería más fácil llamar a las Escrituras por el nombre que es más familiar para todos los Cristianos: La Santa Biblia.

Este libro explica él porque es de mucha ayuda el referirse a una sección específica de las Escrituras como Torah, ya que para entender muchos pasajes difíciles en el Nuevo Testamento, o hasta los Profetas, los Salmos del Antiguo Testamento, dependen del entendimiento del lugar que tiene la Torah como "La Ley de Moisés" en su contexto histórico. Por ejemplo, porque Jesús le dice a la mujer en el pozo que "La Salvación es de los Judíos."

Los Judíos han mantenido y guardado la Torah por miles de años y Zacarías profetiza de un tiempo en que gente justa de todas las naciones buscaran a un Judío para dirección en encontrar su camino hacia Jerusalén, la Ciudad Santa:

> *Y muchos pueblos y naciones poderosas vendrán a Jerusalén, para buscarme e implorar mi favor. Lo digo yo, el Señor de los Ejércitos. »Así ha dicho el Señor de los Ejércitos: Cuando lleguen esos días, diez hombres de diferentes naciones y lenguas se aferrarán al manto de un Judío y le dirán: "¡Permítannos acompañarlos, pues sabemos que Dios está con ustedes!"*
> **Zacarías 8:22-23**

Tal vez, mirando a las Escrituras Antiguas desde la perspectiva Judía de Jesús explicara su declaración concerniente a la salvación y la profecía de Zacarías de dirección de unidad espiritual entre Judío y Gentil.

Con esta dirección general en mente, nuestro objetivo será de:

- Definir la Torah.
- Definir la naturaleza de la Torah.
- Identifica a quien es dada la Torah
  y en quien es sellada.
- Establecer que el nuevo mandamiento no es
  antiguo sino "desde el principio," **Génesis 1:1.**
- Explicar que la Torah es para el proceso de
  perfeccionar a "toda" la Casa de Israel: todos los que
  se sujetan a los mandamientos del pacto y al Shabbat.
- Identificar a Jesús como La Palabra Viva Encarnada.
- Reconocer la necesidad de que el cuerpo humano
  como lámpara ceda a la gran luz de la Torah espiritual.
- Definir e identificar expresiones equivalentes
  como: Torah, mandamiento, estatuto, precepto,
  ordenanza, Palabra, testimonio, luz, lámpara.
- Identificar conexiones temáticas entre
  el Nuevo y Antiguo Testamento.

GLOSARIO

Adonai - Mi Señor

Brit Jadashah – Nuevo Testamento. En Hebreo, literalmente, "Pacto Renovado." La palabra hebrea para nuevo, *jadash*, también significa renovado, de la misma forma que aplicamos al adjetivo a la Nueva Luna. Su apariencia es simplemente renovada cada mes. Por la misma razón, **Jeremías 31:31** define los términos del Nuevo Pacto: La Torah será escrita en el corazón de la gente de Dios. No es una nueva Torah, pero la antigua Torah renovada en una forma dinámica por el trabajo de Yeshua, un mejor mediador que Moisés.

Jok(im) – Ordenanzas de la Torah que no tienen una explicación lógica: la única explicación es de que "sean santos porque Yo son santo."

Equivalencia de Expresiones – una equivalencia de expresión explicara una cierta expresión de una palabra o frase. No es exactamente la misma, pero equivalente en esencia. Tal vez sea una descripción o una definición metafórica.

Hermenéutica – Métodos de Interpretación Bíblica aplicadas a ciertas reglas aceptadas de interpretación.

Menorah – un candelabro, específicamente el candelabro de siete brazos que se encontraba en el Lugar Santo del Tabernáculo.

Mishnah – la Ley Judía Oral que tradicionalmente se cree que fue trasmitida desde Moisés. Yeshua la mayoría de las veces apoyaba la Ley Oral de la Casa de Hillel, pero el rechazo la mayoría de la Ley Oral de Shammai. Estas eran las dos escuelas predominantes de los Fariseos en el primer siglo. Sus métodos de determinar la validez de la ley oral era juzgar si dejaba de lado un mandamiento escrito en favor de una tradición de hombre.

Mishpat(im) – juicios. Los mishpatim generalmente tratan asuntos éticos o ley moral, son lógicos y la razón detrás de ellos son fáciles de entender.

Moed(im) – se refieren a las estaciones y las fiestas señaladas de Israel: Pascua, Panes sin Levadura, Primicias de la Cebada, Primicias del Trigo (Pentecostés), Trompetas, Día de Expiación y Tabernáculos.

Nefesh – manojo de apetitos, deseos, emoción e intelecto.

Rebbe / Rabbi – un líder espiritual judío o un maestro.

Talmud – el cuerpo más grande de la ley judía y comentarios que contiene la Mishnah, Gemara y la Tosefta.

Tanak – Antiguo Testamento. Es un acrónimo para Torah, Neviim y Ketuvim, es decir Ley, Profetas y Escritos, la división antigua de las Escrituras Hebreas. Los libros de la Tanak son los mismos de las Biblias Cristianas solo que en diferente orden.

Torah – los primeros cinco libros de la Biblia, mal entendida como "Ley" en las traducciones. La Torah es con más precisión enseñanzas e instrucciones de Dios. Contiene temas como ciencia, historia, procedimientos sacerdotales, estatutos civiles, ordenanzas, salud, agricultura, mandamientos, profecías, oraciones, ganadería, arquitectura, derechos cívicos y muchos otros. La raíz de la palabra hebrea Torah viene de la palabra hebrea *yarah*, que significa "dar en el blanco." Torah también es usada para referirse a toda la Biblia Hebrea, hasta el significado más pequeño, un procedimiento. Torah es usada por los Judíos Mesiánicos para referirse a toda la Biblia, de Génesis a Apocalipsis, porque la Torah es la fundación de toda la Escritura. Los profetas hacían regresar a Israel a la Torah. Los Salmos nos enseñan a amar la Torah, de la manera que el Rey David la amo. Los Escritos nos enseñan las consecuencias de abandonar la Torah y las recompensas de regresar a ella. El Nuevo Testamento trae a la Torah a su completo significado en la persona de Yeshua el Mesias y mucho del Nuevo Testamento cita a la Tanak.

Yeshua – el nombre hebreo de Jesús, que significa salvación.

1

¿QUÉ ES LA TORAH?

Torah es una palabra que mucha gente conoce, pero que muy pocos entienden su significado. Lo cierto es, que la palabra Torah tiene más de un significado, por lo que es de mucha ayuda conocer el contexto en el que es usada y por quien. Brevemente, la Torah escrita es definida como:

a. Darle al blanco, como con una flecha.

b. Enseñanza e Instrucción.

c. Los primeros cinco libros de la Biblia.

d. Fundación de toda la Biblia. (La mayoría de los eruditos están de acuerdo en que la Torah es mencionada directa o indirectamente en el Nuevo Testamento como 350 veces).

El número de la Concordancia Strong de Torah es H8451, y se deriva de la raíz *Yarah*, numero de Concordancia Strong H3384, que es definida como:

a. Tirar, lanzar

b. Lanzar, poner, establecer

c. Disparar flechas

d. Arrojar agua, lluvia

Desafortunadamente, muchas de las traducciones en español la traducen como "ley," la cual es una traducción limitada de la palabra Hebrea. La raíz de la palabra Torah, *yarah*, es muchas veces usada en el Antiguo Testamento y la raíz no es traducida como "ley," sino como "enseñanza," lanzando flechas para dar en el blanco exactamente. Interesantemente, el significado más claro de Torah es instrucción dirigida, pero también denota "instrucción profética e instrucción profética para la era mesiánica," de acuerdo al Lexicón. Como para reforzar el significado de Torah, la palabra Torah es mencionada más frecuentemente en el libro de los Salmos, el libro más alentador de todos los libros. La palabra Torah está mencionada 35 veces en los Salmos.

El libro de Proverbios nos da un ejemplo del aspecto tierno de la Torah, que connota un maestro amable, no un carcelero o juez:

> Hijo mío, cumple **el mandamiento** de tu padre, y no te apartes de **la enseñanza** *(Torah) de tu madre.*
> **Proverbios 6:20**

La Torah también significa los primeros cinco libros de la Biblia: Génesis, Éxodo, Levítico, Números y Deuteronomio. Los nombres Hebreos de los cinco primeros libros están basados en la primera palabra o frase de cada libro. Por ejemplo, Bereshit (Génesis) literalmente traducido como: "En el principio...."

Para el tiempo en el que el Nuevo Testamento fue escrito, la Torah era referida como "Moisés":

> *Y partiendo de Moisés, y siguiendo por todos los profetas, comenzó a explicarles todos los pasajes de las Escrituras que hablaban de él.*
> **Lucas 24:27**

Yeshua (Jesús) explicando su ministerio a sus discípulos en referencia a "Moisés" también incluye enseñanzas de los Profetas y "toda la Escritura." Mientras que los cristianos se refieren a esta colección de libros como el Antiguo Testamento, los Judíos llaman a la misma colección Tanak, que es un acrónimo hebreo de:

La Ley (Torah)
Los Profetas (Neviim)
Los Escritos (Ketuvim)

Mientras que los libros son idénticos en las Biblias Judías y Cristianas, la organización de los Profetas y los Escritos que le siguen a la Torah son distintos. A veces si una persona Judía dice "Torah," él se refiere a toda la TANAK, o Antiguo Testamento.

Una de las razones es porque todos los Profetas dirigían a Israel a regresar a la Torah en arrepentimiento (regresar a Dios), y los Escritos, como los Salmos, le mostraba a Israel como amar la Torah como el Rey David, una figura profética de Yeshua. El Antiguo Testamento o Tanak, son las Escrituras que Yeshua y la Iglesia Primitiva usaban para predicar el Evangelio.

A pesar de que es muy fácil ver como el Nuevo Testamento directamente menciona la Tanak, porque muchas de las traducciones ponen las citas en mayúsculas, muchos de los eruditos están de acuerdo que el 85% del Nuevo Testamento directa o indirectamente hace referencia a la Tanak. Para los de lectura o habla-Hebrea, o Judíos que estudian la Tanak fielmente, las menciones en el Nuevo

Testamento son fáciles de identificar.

Como un ejemplo de una pista para una persona de habla-Hebrea que sabe que la raíz de Torah es *yarah*, darle al blanco con una flecha, el Apóstol Juan habla de un jinete en un caballo blanco en el libro de Apocalipsis Seis, que tiene un arco que dispara flechas. La palabra Hebrea para las dos palabras arco y arcoíris son la misma. Una flecha en Hebreo es *jetz*, que significa "dividir."

Por lo que el lector tiene dos imágenes que conectan la Palabra de Dios, la Torah. La flecha es como una espada, que el Jinete del caballo rojo lleva. La espada *jerev*, es un instrumento filudo que tiene la connotación espiritual de "dividir la Palabra de Verdad correctamente," pero la raíz Hebrea, *jarav* (H2717), es "secar."

> Tomen... la espada del Espíritu, que es la palabra de Dios.
> **Efesios 6:17**

> Ciertamente, la palabra de Dios es viva y poderosa, y más cortante que cualquier espada de dos filos. Penetra hasta lo más profundo del alma y del espíritu, hasta la médula de los huesos, y juzga los pensamientos y las intenciones del corazón.
> **Hebreos 4:12**

Estas dos plagas de arco y espada son juicio sobre aquellos que han desafiado la Palabra de Dios en Apocalipsis y alude a lo mismo: La Torah, las Instrucciones y Enseñanzas de Dios. Mientras que los seres humanos pueden juzgar por afuera a alguien en la obediencia a la Palabra de Dios, solo El Espíritu de Dios puede juzgar al que ama a la Torah por adentro.

En las palabras finales de la Torah, Moisés les advierte a los Israelitas que la Torah debe de ser bienvenida como el roció sobre el césped sediento; de la misma forma en las palabras finales del Nuevo Testamento el Apóstol Juan les advierte a los discípulos de Yeshua que la palabra aún tiene que ser bienvenida como el roció sobre el césped o juicio vendrá sobre aquellos que no ponen esfuerzo en darle al blanco a las Instrucciones del Padre o de tomar del roció de la Palabra. Yeshua también monta un caballo en juicio.

> *Está vestido de un manto teñido en sangre, y su nombre es «el Verbo de Dios».*
> **Apocalipsis 19:13**

El Apocalipsis profetizado por Moisés por abandonar la Palabra de Dios en Deuteronomio es repetido en el Apocalipsis de Juan. El declara el fin desde el principio. El jinete del caballo blanco lleva una corona además del arco. Yeshua también viene en un caballo blanco:

> *Luego vi el cielo abierto, y apareció un caballo blanco. Su jinete se llama Fiel y Verdadero. Con justicia dicta sentencia y hace la guerra. Sus ojos resplandecen como llamas de fuego, y muchas diademas ciñen su cabeza. Lleva escrito un nombre que nadie conoce sino sólo él.*
> **Apocalipsis 19:11-12**

¿Es esto otra pista de la Torah?

> *¡Con esplendor y majestad cíñete la espada, oh valiente! Con majestad, cabalga victorioso en nombre de la verdad, la humildad y la justicia; que tu diestra realice gloriosas hazañas. Que tus agudas flechas atraviesen el corazón de los enemigos del rey, y*

que caigan las naciones a tus pies.
Salmo 45:3-5

Los temas nuevamente están conectados: reinado, espada, flechas, juicio y enseñanza de la Palabra. Para el que busca la verdad y la justicia, es una bella imagen del regreso del Mesías, quien enseña la Palabra de Dios y sacia la sed de aquellos que aceptan Su Palabra como roció. Para los enemigos del Rey, su rechazo de la Palabra saca una flecha filuda.

2

EQUIVALENCIA DE EXPRESIONES

En la hermenéutica, [1] tanto el Cristianismo como en el Judaísmo tienen una similar técnica de interpretación llamada "equivalencia de expresiones." Equivalencia de expresiones explicará cierta expresión de la comparación de cierta palabra o frase. No es exactamente lo mismo, pero equivalente en esencia. Tal vez sea una definición metafórica de descripción. Walter C. Kaiser, Jr. y sus textos académicos de exegesis Bíblica son buenas fuentes que explican cómo detectar equivalencia de expresiones. Una explicación de un ejemplo de cómo aplicar la equivalencia de expresiones se encuentra en el Apéndice A.

Es importante leer todo el pasaje para contexto, ya que otra regla de exegesis Bíblica es que "contexto lo es todo." Una regla que es común para los dos, Judaísmo y Cristianismo es la Regla de Mención Completa.

Esto involucra compilar todo el contexto en el que una palabra o frase aparece y luego compararlas para un enlace temático de significado. En el Judaísmo la regla es llamada *Davar hilmad me'anino* (explicación obtenida de contexto). El contexto total, no solamente la mención aislada debe de ser

1. Hermenéutica: métodos de interpretación Bíblica aplicando reglas aceptadas de interpretación.

considerada para una exegesis correcta.

Explicación obtenida de contexto está relacionada al método Cristiano de Mención Completa. Una buena manera de usar este método es usar una concordancia para buscar una palabra. Te dará una lista de todas las veces que la palabra ha sido usada en la Biblia. Reconciliando las palabras de la Tanak y el Nuevo Testamento (Brit Jadashah – Nuevo Pacto) es más avanzado ya que una palabra Griega tendrá una palabra equivalente en el Hebreo. Sin embargo, lea cada uso en contexto. Si hay un uso consistente de la definición de una palabra que se sostiene a través de la mayor parte del texto, entonces la expresión quizá sea equivalente.

Cuando se trata de Torah, sin embargo, la expresión equivalente es increíblemente fácil de encontrar. El Padre no quiere que Sus hijos luchen con Su Palabra, y si algo es importante para el Padre, es que sus Hijos aprendan Sus instrucciones para que puedan darle al blanco acertadamente. Si bien algunas veces los ejemplos están dispersos a través de la Escritura, con frecuencia se encuentran dentro del mismo capítulo o verso:

*Él promulgó un decreto para Jacob,
dictó una ley para Israel; ordenó a
nuestros antepasados enseñarlos
a sus descendientes, para que
los conocieran las generaciones
venideras y los hijos que habrían de
nacer, que a su vez los enseñarían
a sus hijos. Así ellos pondrían su
confianza en Dios y no se olvidarían
de sus proezas, sino que cumplirían
sus mandamientos. Así no serían
como sus antepasados: generación
obstinada y rebelde, gente de
corazón fluctuante, cuyo espíritu no
se mantuvo fiel a Dios. La tribu de
Efraín, con sus diestros arqueros, se*

puso en fuga el día de la batalla. No
cumplieron con el pacto de
Dios,msino que se negaron a seguir
sus enseñanzas.
Salmo 78:5-10

Arcos disparan flechas de la Torah espiritual: para el perverso, la trayectoria de las flechas son para juicio; para el justo, el testimonio de la Torah de Yeshua tiene una trayectoria destinada a sanar.

El Salmo 78 de arriba es un racimo de palabras familiares. Proverbios 6:20 establece que la Torah es algo relacionado a las enseñanzas de una madre: *"Hijo mío, cumple el mandamiento de tu padre, y no te apartes de la enseñanza (Torah) de tu madre."* Dentro de este mismo verso, el mandamiento del padre está vinculado a la torah de la madre.

Los Diez Mandamientos especifican que uno debe honrar padre y madre, porque ellos son dos, pero son una carne. El padre demuestra el aspecto severo de la Torah, el mandamiento, pero la madre demuestra el aspecto nutritivo de la enseñanza. Hay beneficios por la obediencia y consecuencias por la desobediencia a los mandamientos de Adonai. Esto aplica a los dos hijos joven y viejo: hijos de padres terrenales e hijos del Padre de arriba.

Nosotros tenemos una buena lista de palabras relacionadas: mandamientos, Torah, obras de Dios, testimonio. Mientras leas más referencias, auméntalas a la lista.

PALABRA O EXPRESION	VERSO REFERENCIA
mandamiento	Salmo 78:5-40; Proverbio 6:20
Torah	Salmo 78:5-40; Proverbio 6:20
testimonio	Salmo 78:5-10
obras de dios	Salmo 78:5-10

Examina el siguiente pasaje y añade más expresiones equivalentes en el cuadro anterior:

¡Cuánto amo yo tu ley (Torah)! Todo el día medito en ella. Tus mandamientos me hacen más sabio que mis enemigos porque me pertenecen para siempre. Tengo más discernimiento que todos mis maestros porque medito en tus estatutos. Tengo más entendimiento que los ancianos porque obedezco tus preceptos. Aparto mis pies de toda mala senda para cumplir con tu palabra. No me desvío de tus juicios porque tú mismo me instruyes. ¡Cuán dulces son a mi paladar tus palabras! ¡Son más dulces que la miel a mi boca! De tus preceptos adquiero entendimiento; por eso aborrezco toda senda de mentira. Tu palabra es una lámpara a mis pies; es una luz en mi sendero.
Salmo 78:5-10

El Salmo refuerza la verdadera definición de la Torah: enseñanza e instrucción. El Salmista teje en la metáfora de Torah como un maestro, declarando que le da más revelación que un maestro de cosas terrenales. Hay un pasaje en Gálatas que también alude a la esencia de la enseñanza de la Torah:

Antes de venir esta fe, la ley nos tenía presos, encerrados hasta que la fe se revelara. Así que la ley (Torah) vino a ser nuestro tutor (paidagogos) encargado de conducirnos a Cristo, para que fuéramos justificados por la fe. Pero ahora que ha llegado la fe, ya no estamos sujetos al guía. Todos ustedes son hijos de Dios mediante

la fe en Cristo Jesús.
Gálatas 3:23-26

El Lexicón define *paidagogos* como:

Un tutor, guardián o guía de jóvenes. Dentro de los Griegos y los Romanos el nombre era aplicado a esclavos de confianza que estaban a cargo de la tarea de supervisar la vida y la moral de jóvenes que pertenecían a una clase alta. A los jóvenes no se les permitía salir fuera de la casa sin ellos, antes de llegar a la edad adulta.

El Diccionario Expositivo Vine del Nuevo Testamento, sin embargo contrasta el trabajo de un maestro (Torah) con un tutor en estos versos específicos:

Aquí la idea de instrucción está ausente. En esta y en las palabras relacionadas la idea es de entrenar, disciplinar, más que nada impartir conocimiento. El *paidagogos* no era el instructor del niño, el ejercía una supervisión general sobre él y era responsable de su moral y bienestar. Entendiendo esto *paidagogos* es usado apropiadamente con "mantenido en la palabra" y "callarse," mientras que entender es equivalente a "maestro" introduciendo una idea completamente desconocida al pasaje, y trae el argumento del Apóstol a confusión.

Pablo describe a la Torah escrita como guía ética para mantener a una persona protegida hasta su madurez. Cuando el este "crecido" en la Torah Espiritual, el podrá funcionar independientemente. El estudiante bajo tutor no tiene opción, pero el estudiante que realmente ha aprendido e interiorizado el espíritu de la instrucción se ha convertido en ellos. El obedece los mandamientos del Maestro sin coacción, como dijo Yeshua, "si me amas guarda mis mandamientos." La explicación de Pablo es clara cuando es comparada con el Salmista, porque el que ha amado el mandamiento es porque ama al Padre y ha superado a un maestro que solo enseño la ética de la Torah sin el Espíritu de la Torah, que se caracteriza por el amor.

Un ejemplo de esto es el proceso que atraviesan los niños cuando aprenden matemáticas. Un maestro de primer grado enseña al estudiante que 1 + 1 = 2. Luego que esta información ha sido internalizada y usada, la fórmula es menos "contada" mas "sabida." El estudiante ya no necesita más al maestro como guía para dar la información. Cuando el niño llega al punto en el cual él o ella simplemente ven dos cosas y percibe 1 + 1 = 2 sin tener que analizar la información, la información es parte del niño. Se convierte en parte de quien es el niño, no lo que cuenta. El maestro de primer grado pasa a la memoria del niño, pero la información nunca cambia. El niño intrínsecamente sabe lo que presenta el exterior.

Salmo 119:97 declara: ¡Cuánto amo yo tu ley (Torah)! Establece las bases para la declaración que sigue en contexto. Dentro del contexto, hay varias expresiones equivalentes:

- **Mandamientos**
- **Tus Testimonios**
- **Tus Preceptos**
- **Tu Palabra**
- **Tus Ordenanzas**
- **Tus Palabras**

Hay espacio en el cuadro para añadir nuevas equivalencias. Equivalencia de expresiones explicara cierta expresión de la comparación de cierta palabra o frase. No es exactamente lo mismo, pero equivalente en esencia. Tal vez sea una definición metafórica de descripción. Por ejemplo:

> *Estos mandamientos que yo te mando hoy… Las escribirás en los postes de las puertas de tu casa y en tus entradas.*
> **Deuteronomio 6:6-9**

poste de la puerta ≈ entrada

Las dos palabras representan una abertura a una morada, ambas, literal y espiritual, por lo que son expresiones equivalentes, una pequeña, una grande.

> *Tu palabra es una lámpara a mis pies; es una luz en mi sendero.*
> **Salmo 119:105**

> *El mandamiento es una lámpara, la enseñanza es una luz y la disciplina es el camino a la vida.*
> **Proverbio 6:23**

mandamiento ≈ lámpara

enseñanza ≈ luz

El mandamiento enfoca la luz de la Torah en un ser humano, por lo que   la Torah como luz es mayor, difusa en intangible, pero la Torah en un ser humano se convierte en lámpara. A pesar que es más pequeña, la luz de la lámpara es más práctica e útil en el mundo creado.

Ésta es la explicación del misterio de las siete estrellas que viste en mi mano derecha, y de los siete candelabros de oro: las siete estrellas son los ángeles de las siete iglesias, y los siete candelabros son las siete iglesias.
Apocalipsis 1:20

Yo, Juan, escribo a las siete iglesias que están en la provincia de Asia: Gracia y paz a ustedes de parte de aquel que es y que era y que ha de venir; y de parte de los siete espíritus que están delante de su trono.
Apocalipsis 1:4

> estrellas ≈ ángeles (mensajeros) de las siete iglesias

> siete lámparas ≈ siete iglesias

> El que es y que era y que ha de venir, Siete Espíritus delante del Trono

Es aquí donde es importante tener cuidado al aplicar expresiones equivalentes. Usadas a la ligera, uno se va a ver tentado a decir que las siete iglesias **son**

Dios, que sería tonto. Sin embargo, la equivalencia está demostrando relación entre las cosas citadas. Si el Espíritu está en las siete iglesias son lámparas en la tierra, de la misma forma que Yeshua es lámpara. Un discípulo de Yeshua toma lo que es espiritual, Su Palabra, obedece la Palabra en amor, y luego se puede convertir en luz para otros. Una estrella, como una lámpara, es más visible en la oscuridad.

Otro racimo de palabras surge en estos versos de Apocalipsis y **Proverbios 6:23:**

Torah
Palabra
Mandamientos
Siete Espíritus de Dios
Siete Asambleas

Cada una de estas palabras está relacionadas de alguna forma a la menorah (lámpara) de siete brazos. Usando contexto completo, es fácil de ver que El Padre nunca pretendió que su Palabra meramente sea el tutor, pero el maestro de Sus hijos. Él quiere que sus hijos perciban la relación espiritual de su Palabra al lado de lo físico. En efecto, la Palabra Viva, Yeshua dijo:

Si ustedes me aman, obedecerán
mis mandamientos.
Juan 14:15

El que me ama, obedecerá mi

25

*palabra, y mi Padre lo amará, y
haremos nuestra vivienda en él. El
que no me ama, no obedece
mis palabras. Pero estas palabras
que ustedes oyen no son mías sino
del Padre, que me envió. Todo
esto lo digo ahora que estoy con
ustedes. Pero el Consolador, el
Espíritu Santo, a quien el Padre
enviará en mi nombre, les enseñará
todas las cosas y les hará recordar
todo lo que les he dicho.*
Juan 14:23-26

Esto suena muy parecido al Salmo 119, que enfatiza
al Espíritu Santo como el Maestro de la Palabra.
Cuando el discípulo se olvida de la Palabra,
entonces el Espíritu le hace recordar y le enseña
todas las cosas. Irónicamente la palabra Hebrea
para decir "cosas" es *devarim*, que es el quinto
libro de la Torah, Devarim (Deuteronomio). Después
de los Salmos, el libro de Deuteronomio es el libro
que más menciona la Torah. Lo menciona más
que cualquier otro libro de toda la Torah misma.
Yeshua usa un juego de palabras, ya que en Hebreo
devarim significa los dos "Palabras" y "cosas."

La Torah es algo que requiere el trabajo del Espíritu
Santo en orden de hacer a la persona una morada
deseada para el Padre y su Hijo. Es muy evidente
cuando una persona vive una vida separada de la
Palabra, como también es evidente cuando una
persona obedece la Palabra sin el Espíritu y el Padre
no podrá morar en él.

3

¿NO SON LOS MANDAMIENTOS DE JESÚS NUEVOS, NO LOS ANTIGUOS?

Buena pregunta. Yeshua no dejaría una pregunta tan importante sin respuesta. Hijos que son discípulos amados de la Palabra nunca se conformarían a la obediencia forzada de un tutor; ellos desearían guardar los mandamientos del Padre por una relación de amor. Juan les escribe a los discípulos de Yeshua sus deseos:

> *Mis queridos hijos, les escribo estas cosas para que no pequen. Pero si alguno peca, tenemos ante el Padre a un intercesor, a Jesucristo, el Justo. Él es el sacrificio por el perdón de nuestros pecados, y no sólo por los nuestros sino por los de todo el mundo. ¿Cómo sabemos si hemos llegado a conocer a Dios? Si obedecemos sus mandamientos. El que afirma: «Lo conozco», pero no obedece sus mandamientos, es un mentiroso y no tiene la verdad. En cambio, el amor de Dios se manifiesta plenamente en la vida*

del que obedece su palabra. De
este modo sabemos que estamos
unidos a él: el que afirma que
permanece en él, debe vivir como
él vivió. Queridos hermanos, lo que
les escribo no es un mandamiento
nuevo, sino uno antiguo que han
tenido desde el principio. Este
mandamiento antiguo es el mensaje
que ya oyeron. Por otra parte, lo
que les escribo es un mandamiento
nuevo, cuya verdad se manifiesta
tanto en la vida de Cristo como en
la de ustedes, porque la oscuridad
se va desvaneciendo y ya brilla la
luz verdadera.
1 Juan 2:1-8

Porque casi siempre los hijos mal entienden, el
lenguaje en el que escribe Juan es simple y amoroso.
La Palabra debe de ser la fundación de acción en
una relación de amor entre el Padre y sus hijos e
hijas. La acción esta modelada siguiendo el camino
que Yeshua camino, sin culpa en referencia a la
Torah. Yeshua camino de acuerdo al "mandamiento
antiguo desde el principio."

¿Él lo hizo? Como una pista equivalente, Juan
pone la frase "desde el principio." Bereshit ("en el
principio...") es la primera palabra en la Torah. ¿Es
ese el único significado al "principio"? Sigue leyendo
y en Génesis 1:2, el Padre identifica lo que se movía
mucho antes de la creación física obedeciendo sus
mandamientos:

La tierra era un caos total, las
tinieblas cubrían el abismo, y el
Espíritu de Dios iba y venía sobre la
superficie de las aguas. Y dijo Dios:
«¡Que exista la luz!» Y la luz llegó a
existir. Dios consideró que la luz era
buena y la separó de las tinieblas.

Génesis 1:2-4

La Torah es una luz, y el mandamiento es una lámpara. En el principio, la voluntad de Elohim [2] era tener una gente que caminaría en Su Espíritu, separando la luz de la oscuridad en obediencia a sus mandamientos por amor. El libro de Romanos está repleto del juego de palabras entre la Torah de Dios y la Torah de la carne. La Torah del Padre es una Luz, y Sus Mandamientos es una lámpara, pero la enseñanza de la carne es oscuridad, y sus caminos nos llevan al pecado y muerte:

> *¡Gracias a Dios por medio de Jesucristo nuestro Señor! En conclusión, con la mente yo mismo me someto a la ley de Dios, pero mi naturaleza pecaminosa está sujeta a la ley del pecado.*
> **Romanos 7:25**

La Torah del Creador no es un nuevo mandamiento, sino una Palabra antigua. Sin embargo, Juan escribe: "Por otro lado, **Yo** les escribo un nuevo mandamiento a ustedes, el cual es verdad en El y en ti, porque la oscuridad está pasando y la verdadera Luz esta ya brillando." ¿Cómo Juan puede decir que el mandamiento es antiguo y nuevo al mismo tiempo?

A través de la obra de Yeshua, el mandamiento es nuevo y fresco a través del Espíritu del Mesías que se movía en la faz de las aguas. El Espíritu se mueve, el mandamiento sale y la Palabra es vista en el mundo físico, un mundo confundido en oscuridad y separado de la Luz de la Torah. Cuando la Luz brilla, el mundo es recordado que la vida está en la obediencia a su Creador. Esta es la verdadera luz, los que guardan-mandamientos inspirados por el Espíritu.

Guardar los mandamientos del Creador en la carne

2. Elohim: el primer nombre de Dios usado en la Escritura como el Creador

no trae luz, pero cuando es el Espíritu Santo que se mueve en estos vasos de barro para ser lámparas, la Creación física brilla en obediencia.

Como reasegurando la fidelidad de Yeshua, Juan escribe nuevamente el mandamiento "desde el principio":

> *Y ahora, hermanos, les ruego que*
> *nos amemos los unos a los otros.*
> *Y no es que les esté escribiendo*
> *un mandamiento nuevo sino*
> *el que hemos tenido desde el*
> *principio. En esto consiste el amor:*
> *en que pongamos en práctica*
> *sus mandamientos. Y éste es el*
> *mandamiento: que vivan en este*
> *amor, tal como ustedes lo han*
> *escuchado desde el principio. Es*
> *que han salido por el mundo*
> *muchos engañadores que no*
> *reconocen que Jesucristo ha venido*
> *en cuerpo humano. El que así actúa*
> *es el engañador y el anticristo.*
> **2 Juan 1:5-7**

Juan da un punto adicional. Yeshua vino en la carne. A pesar de que el Mesías era la Palabra de Espíritu "en el Principio" (Juan 1), el vino a la Creación como un ser físico. Negar que el Mesías es los dos, Espíritu y carne es negar el Evangelio, el cual es que el Mesías vino en la carne a salvar las almas de todos, Judío y Gentil. Hacerlo a él solamente un ser espiritual negaría la resurrección física del Mesías. Hacerlo a él solamente un hombre es nuevamente negar la Palabra espiritual, que es Yeshua el Mesías. Se necesita los dos para proclamar el Evangelio.

De la misma manera, proclamar un mandamiento físico separado del Espíritu es quitarle su esencia y deja un caparazón vacío. Es un cascara que rápidamente se desintegrara cuando el tutor mira hacia otro lado. Hacer al mandamiento solo espiritual es negar que toma trabajo de obediencia con el Espíritu para que haya vida en el mandamiento. Fe sin obras está muerta.

Por ejemplo, si yo he estado casada por muchos años, y un día le digo a mi esposo: "Amor, mi espíritu está verdaderamente enamorado de ti, pero con mi cuerpo yo quiero estar con otro hombre...." ¿entonces cuánto tiempo puede durar esa relación? Nosotros amamos a nuestros esposos con espíritu, alma y cuerpo. Es una relación exclusiva que crece porque aprendimos lo que le agrada al otro. Le damos valor a ese compañero de pacto, no a otro y consideramos las necesidades y deseos del otro, no solamente los propios.

Es lo mismo en guardar-mandamientos. Es un lugar de reunión donde la persona puede conocer el deseo del Novio y crecer aprendiendo lo que a él le agrada. No habrá camino si yo hago de la relación solo espiritual, y con el cuerpo sirvo a los deseos de mi propia carne. Hacer eso es engañarme y caminar en el espíritu del anti-cristo. Esto sería un abuso terrible de un gran don de ambos Espíritu y carne a la humanidad.

4

¡LA TORAH ES LA MENORAH EN TI!

Porque el mandamiento es lámpara
y la enseñanza (Torah) es luz....
(Proverbios 6:23)Ω

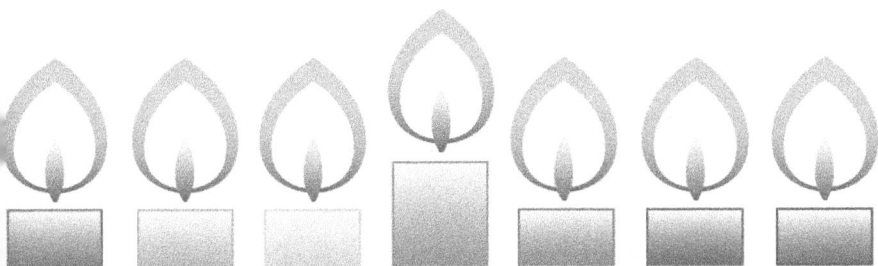

Enseñanza, enseñanza, enseñanza....si, este es el mensaje de la Torah. No es cualquier enseñanza, sino las instrucciones del Padre para que sus hijos puedan identificarse con El. ¿Pero no hemos escuchado a la gente decir que nadie puede guardar la ley?

Todos hemos tenido experiencia de armar cosas que dice, "Algún ensamble requiere," pero las instrucciones parecen completamente sin relación a las piezas y herramientas en el paquete! A parte del problema obvio del Creador de dar deliberadamente instrucciones que Él sabía Sus hijos serían incapaces de seguir, piensa acerca de que enseñanza e instrucción realmente significa. Eso sugiere que todos estamos en el proceso de aprendizaje. Bueno, ¡Halleluyah!

Yeshua nunca ordeno a sus discípulos de guardar la Torah a la perfección, él les ordeno a ellos a ser discípulos. Un discípulo es un estudiante, alguien que está aprendiendo. Un discípulo nunca deja de aprender. La Gracia es suficiente cuando nuestro aprendizaje o motivación se queda corto, que con seguridad sucederá. Nota con atención las instrucciones de Yeshua sobre la "luz del mundo":

Ustedes son la luz del mundo. Una ciudad en lo alto de una colina no puede esconderse. Ni se enciende una lámpara para cubrirla con un cajón. Por el contrario, se pone en la repisa para que alumbre a todos los que están en la casa. Hagan brillar su luz delante de todos, para que ellos puedan ver las buenas obras de ustedes y alaben al Padre que está en el cielo. El cumplimiento de la ley »No piensen que he venido a anular la ley o los profetas; no he venido a anularlos sino a darles cumplimiento. Les aseguro que mientras existan el cielo y la tierra, ni una letra ni una tilde de la ley desaparecerán hasta que todo se haya cumplido. Todo el que infrinja uno solo de estos mandamientos, por pequeño que sea, y enseñe a otros a hacer lo mismo, será considerado el más pequeño en el reino de los cielos; pero el que los practique y enseñe será considerado grande en el reino de los cielos.
Mateo 5:14-19

---

3. Deuteronomio 24:14

4. A pesar que hay versos en las Escrituras que dicen que el hombre justo será recompensado, la visión Judía es que el hombre totalmente malvado tiene características del justo; por ejemplo, el Rey Herodes estaba fascinado con los Esenios, una secta estrictamente observante. Sin embargo la forma Judía de ver esto es que el malvado será recompensado por su justicia en ESTE mundo, pero para aquellos que toman la justicia de Dios, la recompensa será en el mundo por venir. Esto no se debe confundir con las bendiciones inherentes en obedecer la Palabra en esta vida.

Yeshua no dice que todo se haya cumplido. Si fuera así, nosotros ya estaríamos luciendo esas vestiduras de justicia. Sin embargo, Yeshua si dice que son importante los dos, aprender y enseñar los mandamientos de la Luz, la Torah. Es algo porque esforzarse con el poder del Espíritu Santo hasta que Yeshua regrese. Hasta ese día, al igual que los antiguos Israelitas, la Torah es justicia "para ti." [3] No es tu justicia, [4] sino la de Yeshua. Tu simplemente estás caminando en sus pasos, que el camino antes que tu desde antes de la fundación del mundo. La justicia no se origina del individuo, sino de los Siete Espíritus del Mesías (Isaías 11:1-2) [5] que El deja con Sus hijos para enseñarles.

5.Para un estudio más profundo de los Siete Espíritus del Mesías trabajando en la Creación, las Siete Fiestas de Israel y las Siete Iglesias del Apocalipsis, ver el libro de la autora El Evangelio de la Creación Libro de Trabajo Uno: La Fundación de la Creación. de Israel y las Siete Iglesias del Apocalipsis, ver el libro de la autora El Evangelio de la Creación Libro de Trabajo Uno: La Fundación de la Creación.

5

EXCAVANDO MÁS PROFUNDO

Este estudio de la Torah hasta ahora se ha enfocado meramente en las Escrituras que pueden ser encontradas en cualquier Escuela Dominical del Nuevo Testamento, que usualmente contienen los Libros de los Salmos y los Proverbios. Hay muy más riquezas de ser encontradas escavando profundo en la TANAK y en la fundación del Nuevo Testamento. La Torah misma dice:

> »Este mandamiento que hoy te ordeno obedecer no es superior a tus fuerzas ni está fuera de tu alcance. No está arriba en el cielo, para que preguntes: "¿Quién subirá al cielo por nosotros, para que nos lo traiga, y así podamos escucharlo y obedecerlo?" Tampoco está más allá del océano, para que preguntes: "¿Quién cruzará por nosotros hasta el otro lado del océano, para que nos lo traiga, y así podamos escucharlo y obedecerlo?" ¡No! La palabra está muy cerca de ti; la tienes en la boca y en el corazón, para que la obedezcas.

Deuteronomio 30:11-14

La Torah refuerza las expresiones equivalentes: mandamiento y Palabra. Si alguna medida del Espíritu de Dios está dentro de cada individuo, que es lo que diferencia a un ser humano de una bestia, entonces hasta la persona más malvada tiene un brillo dentro que anhela la Palabra de Dios. Está en cada corazón, pero sea que ese brillo de Luz sea cultivado depende de las decisiones del corazón de cada individuo. Lo que aquel individuo escucha, dice y planea en su corazón a medida que la semilla crece para obras de dos reinos: el reino de la carne, como la bestia, o del reino del Espíritu de arriba, que es la imagen en el cual el hombre fue creado y destinado.

> »Vienen días —afirma el Señor — en que haré un nuevo pacto con el pueblo de Israel y con la tribu de Judá. No será un pacto como el que hice con sus antepasados el día en que los tomé de la mano y los saqué de Egipto, ya que ellos lo quebrantaron a pesar de que yo era su esposo —afirma el Señor —. »Éste es el pacto que después de aquel tiempo haré con el pueblo de Israel —afirma el Señor —: Pondré mi ley en su mente, y la escribiré en su corazón. Yo seré su Dios, y ellos serán mi pueblo.
> **Jeremía 31:31-33**

El Nuevo Testamento, o Nuevo Pacto, frecuentemente es visto como algo completamente nuevo en el plan de Adonai para el hombre. Sin embargo, en Hebreo, nuevo no siempre significa algo completamente nuevo, sino renovado. Por ejemplo, la palabra hebrea para mes es jodesh, y el tiempo de la nueva luna es rosh jodesh. ¿Pero es una luna completamente nueva, o nuestra perspectiva de ello? Las palabras Hebreas para Nuevo Pacto es *Brit Jadashah* (Strong 1285 & 2319), que especifican que el principio de relación de pacto continúa.

La palabra *jadashah* significa "nuevo o renovado." Desde el contexto Jeremías está hablando de un pacto renovado. No es la Torah la que cambiara, pero los corazones de Su gente. La relación de esposo y esposa es usada para demostrar la atracción del corazón a la Palabra del Pacto. Ezequiel también habla de este nuevo pacto del corazón, añadiendo que es el Espíritu el que hará la diferencia:

> *Los sacaré de entre las naciones, los reuniré de entre todos los pueblos, y los haré regresar a su propia tierra. Los rociaré con agua pura, y quedarán purificados. Los limpiaré de todas sus impurezas e idolatrías. Les daré un nuevo corazón, y les infundiré un espíritu nuevo; les quitaré ese corazón de piedra que ahora tienen, y les pondré un corazón de carne [6]. Infundiré mi Espíritu en ustedes, y haré [7] que sigan mis preceptos y obedezcan mis leyes. Vivirán en la tierra que les di a sus antepasados, y ustedes serán mi pueblo y yo seré su Dios.*
> **Ezequiel 36:24-28**

Es una cosa estar llenos del Espíritu Santo, pero de acuerdo al fundamento de los Profetas ¿Qué es lo que el Espíritu dentro del hombre debe hacer? El Espíritu Santo dentro del hombre anhela los mandamientos espirituales de su Padre, o como escribió Jeremías, lo anhela como la atracción fiel de una esposa a su esposo.

De hecho, la atracción y el poder del amor son tan fuerte que impulsa a la Gente de Dios a caminar en

6. Carne es basar que también es la misma palabra para "buenas nuevas," un sinónimo del Evangelio.

7. Asah, que significa hacer, cumplir, realizar. El corazón renovado es formado por El Espíritu Santo.

Sus "ordenanzas y estatutos" [8] cuidadosamente, que son los detalles más finos de la Torah. ¡WoW! Con el poder y la enseñanza del Espíritu Santo, vida de pacto del antiguo testamento está lleno de una vida renovada, así como Juan escribió, es un nuevo mandamiento al igual que el viejo.

8. Jukim (estatutos) y mishpatim (ordenanzas) son una interesante yuxtaposición de dos categorías que son un subgrupo de la Torah. La Torah abarca todos los grupos, conteniendo en su totalidad categorías como estatutos, ordenanzas, mandamientos, preceptos, etc. De acuerdo a los rabinos, Jukim no tiene una base lógica, deben de ser obedecidos por pura fidelidad y fe que solo El Santo sabe mejor; los mishpatim son más legales y lógicos. Las palabras escogidas por Ezequiel dan a entender un corazón que obedece antes de entender como también un corazón que ve la base moral y ética de la instrucción.

Aun en el contexto del regreso al Pacto y a la Torah, Ezequiel profetiza de un futuro rebaño de hombres, el cual los Cristianos lo entienden como "las otras ovejas" que él quiere reunir:

>>*Así dice el Señor omnipotente: Todavía he de concederle al pueblo de Israel que me suplique aumentar el número de sus hombres, hasta que sean como un rebaño. Entonces las ciudades desoladas se llenarán de mucha gente. Serán como las ovejas que, durante las fiestas solemnes, se llevan a Jerusalén para los sacrificios. Entonces sabrán que yo soy el Señor.*>>
Ezequiel 36:37-38

Ezequiel habla específicamente de Jerusalén y sus "fiestas señaladas" *(moedim)* y su rol en juntar a este rebaño futuro de personas que están unidos al pacto de Israel en la renovación del Espíritu. A pesar de que los Judíos observantes son diligentes en juntarse en las fiestas señaladas de Israel, muchos Cristianos no han visto todavía la necesidad; sin embargo cuando la Torah es escrita en sus corazones del Nuevo Pacto por el Espíritu, veras que esas multitudes de ovejas tengan un cambio de corazón hacia las fiestas de Israel. Ellos se juntaran en las fiestas señaladas de Pascua, Pentecostés y Tabernáculos.

Yeshua vino a salvar almas. En Hebreo, un alma es un *nefesh* (*nafshim* en plural). La forma más simple de la definición de *nefesh* es que es un ramillete de apetitos, deseos, emociones e intelecto. El alma está alojada en el cuerpo, similar a un animal, pero el Espíritu de Elohim (Dios) respiró en el ser humano para distinguirlo de las bestias. Animales limpios con frecuencia son usados para simbolizar las almas de las personas en las Escrituras, ya que siempre se requiere animales limpios para los sacrificios, no animales salvajes. De esta manera, representa el substituto del sacrificio para el hombre, la perfección requerida del animal representa la perfección que el alma de la persona espera obtener a través del Espíritu.

Mientras que el espíritu del hombre viene de Dios y regresara al El (Eclesiastés 12:7), su alma esta corrupta en su cuerpo de carne. La parte del hombre que anhela hacia la Torah de Elohim es su Espíritu, y su espíritu es como la flama de una vela que se inclina y alcanza otra flama cerca. Es el cuerpo y alma de los deseos terrenales que atraen al hombre a la tierra, un lugar de decadencia y muerte una vez que el espíritu regresa a Elohim.

Algunas veces las palabras "alma" y "espíritu" son usadas equivocadamente por aquellos que no leen Hebreo, y es una equivocación honesta para los de habla-hispana, en un rápido chequeo de la concordancia nos revela cuantas otras palabras en español han sido usadas para traducir *nefesh*. Por ejemplo, algunas veces ha sido traducida con la palabra "persona." Aunque la persona tiene un alma, si la Escritura desea enfatizar al alma de la persona como el foco de su mensaje, entonces tiene sentido buscar esas palabras en la concordancia si uno quiere leer una traducción del lenguaje original.

Pablo señala lo que Ezequiel estableció, que la observancia de la Torah es el resultado del espíritu renovado. El espíritu del hombre que anhela hacia la Torah, que es santa, justa y buena. La Torah, sin embargo, revela las partes del corazón que todavía están atados a la tierra en los deseos del alma. La Torah revela el pecado por lo que es:

*Concluimos, pues, que la ley es
santa, y que el mandamiento es
santo, justo y bueno. Pero entonces,
¿lo que es bueno se convirtió en
muerte para mí? ¡De ninguna
manera! Más bien fue el pecado
lo que, valiéndose de lo bueno,
me produjo la muerte; ocurrió así
para que el pecado se manifestara
claramente, o sea, para que
mediante el mandamiento se
demostrara lo extremadamente
malo que es el pecado. Sabemos,
en efecto, que la ley es espiritual.
Pero yo soy meramente humano,
y estoy vendido como esclavo al
pecado.*
Romanos 7:12-14

El mandamiento-Torah espiritual separa la verdad del espíritu de la carne pecadora y "restaura (arrepiente) el alma." Una persona debe de venir a arrepentimiento, y esa es la salvación que Yeshua, la Palabra Viva, ofrece a los dos, Judío y Gentil. Esto es el "nuevo Espíritu" de la Torah anunciado por Ezequiel, un Espíritu Santo que puede restaurar la afección del alma por el mandamiento espiritual de la Torah.

*La ley del Señor es perfecta:
infunde nuevo aliento. El mandato
del Señor es digno de confianza: da
sabiduría al sencillo.*
Salmo 19:7

Yeshua vino a sujetar a sus discípulos a los mandamientos de la Torah con amor sacrificial. Esto libera el espíritu de la atadura del cuerpo y alma que tiene cautivo a un hombre. El alma y el cuerpo están íntimamente unidos. El alma esta cautiva en el cuerpo, pero el cuerpo esta cautivo a los deseos del alma. La Torah rompe la autoridad del alma al espíritu, que a su vez libera el espíritu del hombre de la cautividad a los apetitos, deseos, emociones e intelecto.

En lugar, el alma empieza a tener hambre de las cosas espirituales, desea la voluntad del Padre, actúa la verdad del Espíritu, y piensa los pensamientos del Padre. Yeshua vino a traer el Espíritu renovado que puede restaurar a aquellos que deseen regresar con la autoridad del Espíritu Santo sobre sus corazones y dejar que la Palabra del Padre entrene el alma a someterse a la verdad del Espíritu; la Palabra es Verdad.

6

¿NO ES LA TORAH SOLO PARA LOS JUDÍOS?

¡Felizmente que la Torah no es solo para los Judíos! De hecho, cada mandamiento de la Torah no es para todos. Hay mandamientos para hombres, mandamientos para mujeres, mandamientos para niños, mandamientos para los sacerdotes, mandamientos para el gobierno, mandamientos para el agricultor, mandamientos para el comerciante, mandamientos para las propiedades.... ya ves la idea. Solo un cierto número de mandamientos pueden aplicar a cualquier individuo, pero ciertamente que los Judíos observantes guardan más la Torah que los Cristianos. Por otro lado, la mayoría de los Cristianos guardan más mandamientos que los Diez Grandes, tales como el diezmo, no violar, absteniéndose de bestialismo, y muchos otros.

Muchos Cristianos han empezado a guardar las Fiestas de Israel, tal como también lo menciona Ezequiel. El Espíritu está empezando a escribir "nuevas" cosas en los corazones de las ovejas del otro rebaño:

> *El extranjero que por su propia*
> *voluntad se ha unido al Señor, no*
> *debe decir: «El Señor me excluirá de*

su pueblo.» Tampoco debe decir el eunuco: «No soy más que un árbol seco.» Porque así dice el Señor: «A los eunucos que observen mis sábados, que elijan lo que me agrada, y sean fieles a mi pacto, les concederé ver grabado su nombre dentro de mi templo y de mi ciudad; ¡eso les será mejor que tener hijos e hijas! También les daré un nombre eterno que jamás será borrado.
Isaías 56:3-5

9. El Judaismo Ortodoxo ha definido las leyes Nohádicas como: No negar a Dios. No blasfemar a Dios. No matar. No practicar relaciones incestuosas u homosexuales. No robar. No comer un animal vivo. Establecer Sistema de Cortes/Legales para asegurar la obediencia a la Ley. La Tosefta (Av. Zar. 8:6) registra cuatro maneras posibles de prohibiciones adicionales: tomar la sangre de un animal vivo, castración, brujería, y todas las prácticas de hechicería mencionadas en Deuteronomio 18:10-11.

¿Viste la equivalencia de expresión en el primer verso?

extranjero ≈ eunuco

¿Qué es lo que un extranjero tiene en común con un eunuco? Ninguno tiene la esperanza de una descendencia de pacto, para el extranjero, aunque le es permitido residir dentro de las fronteras de Israel, estaba obligado a vivir bajo las leyes de Israel:

La misma ley se aplicará al nativo y al extranjero que viva entre ustedes.
Éxodo 12:49

Así que la misma ley y el mismo derecho regirán, tanto para ti como para el extranjero que viva contigo.
Números 15:16

Su descendencia sin embargo no era considerada como parte de la comunidad del pacto, exigir su sumisión a los preceptos de la Torah era primordialmente para prevenir que el tentara a algún Israelita a trasgredir la Torah. Por ejemplo, un gentil que abre su tienda en Sábado tienta al nativo de Israel a trasgredir la Torah y que pierda el precioso Espíritu de descanso en el Mesías en el Sábado (Nehemías 13).

En orden de ser aceptado a la congregación de Israel, el extranjero, como Rut, necesita que voluntariamente decida ser parte de la comunidad. A pesar de que el Judaísmo Moderno llamaría a esto conversión, en los tiempos antiguos esto era un proceso menos formal. Se esperaba del extranjero que fuera más allá de los mandamientos éticos, lo que se conocía como las leyes Nohadicas [9] y de abrazar todo el Pacto de Israel por amor. A este grupo de personas Isaías dirige su profecía. Los que antes no tenían lugar en el pacto y el Reino se les darían un lugar mejor que el de los hijos e hijas naturales. El nativo no tendrá que luchar contra tanta adversidad para aprender el mandamiento escrito, pero el "que se acercó," le será un conflicto.

Un "nombre" en las Escrituras son los hechos de cada uno, al igual que el nombre escrito y hablado. Es la reputación de sus propios hechos. Cuando al extranjero se le garantiza un "nombre que no será cortado," es la certeza que sus hechos por el Espíritu, que por el resultado de la Torah escrita en su corazón, será recordado. ¡Qué tal promesa para el extranjero justo! [10] ¿No es esto lo que Pablo asegura en el Capítulo Dos de Efesios, que ellos han sido acercados mediante la sangre de Yeshua?

Guardando los Sábados de Israel, que incluye los dos, el Sábado semanal y los Sábados especiales de las Fiestas Señaladas, es una señal externa de un corazón cambiado que no es más extraño a la Torah. Isaías continúa estimulando a los creyentes Gentiles:

> *Y a los extranjeros que se han unido*
> *al Señor para servirle, para amar el*
> *nombre del Señor, y adorarlo,*

10. Un "extranjero" en Hebreo tiene dos connotaciones, y dentro del Judaísmo, el ger tzedek "Gentil justo" es un converso al Judaísmo. Otra palabra para un no-Judío es goy, el cual simplemente puede significar un no-Judío, alguien de las naciones.

*a todos los que observan el sábado
sin profanarlo y se mantienen
firmes en mi pacto, los llevaré a mi
monte santo; ¡los llenaré de alegría
en mi casa de oración! Aceptaré
los holocaustos y sacrificios que
ofrezcan sobre mi altar, porque mi
casa será llamada casa de oración
para todos los pueblos.*
Isaías 56:6-7

¡Yeshua cita este mismo pasaje cuando volcó las mesas de los cambistas en el Templo! Los cambistas eran parte de una de las sectas de los Fariseos conocidos como "La Casa de Shammai." De acuerdo a su doctrina, un Gentil no tenía parte en el Mundo Venidero sin importar cuan justo sea. Shammai se negaba a enseñar la Torah a los Gentiles. La Casa de Shammai hacía imposible que un Gentil se convirtiera en Judío y adorara al Dios de Abraham, Isaac y Jacob a pesar que fue profetizado que Abraham y Sarah serian madre y padre de muchas naciones.

Frecuentemente los cambistas de Shammai canalizaban los fondos de un Gentil que enviaba o traía una ofrenda al Templo al bolsillo de los oficiales políticos designados en el Templo. Yeshua rechaza esta doctrina y declara inequívocamente que debe hacerse espacio para que un Gentil pueda acercarse. El no solo insinúa las palabras de Isaías de bienvenida a los Gentiles justos, él lo cita. Una de las primeras cosas que un Gentil creyente hacía, es observar el Sábado, descansando en el Séptimo Día, y guardando las Fiestas Señaladas de Israel, ya que repetidamente se le advierte a Israel en la Torah de recibir al extranjero, al forastero, al huérfano y a la viuda en esos tiempos.

Los Gentiles en las Escrituras indican ya sea un corazón pagano e incircunciso o alguien que no es Judío o Israelita de nacimiento. La primera aplicación es negativa, pero no la segunda. La primera está arraigada en el comportamiento del individuo, pero la segunda está arraigada en su etnicidad, la cual es la elección del Creador.

Un Gentil justo, de acuerdo a las epístolas de Pablo, no es un pagano, sino uno que aprende la Torah con la sensibilidad del Espíritu Santo. El aprecia sus instrucciones y enseñanzas para una vida piadosa, siguiendo los pasos de Yeshua. Él es un hijo haciéndose de un nombre en el Templo de Jerusalén por encima de un hijo o hija natural.

En el Capítulo Cuatro de su epístola a los Gálatas, Pablo compara a aquellos que recibieron la Torah en el Monte Sinaí con Agar e inferiores a aquellos que son como Sarah y la Jerusalén de "arriba." ¿Qué significa esto? En breve, Agar era una esclava. Su rol en la familia de Abraham fue forzada sobre ella. Sarah, sin embargo, era la amada, un regalo del Padre para Abraham y la receptora de la promesa de ser la madre de naciones. Sarah representa a aquellos que tienen dispuesta relación de pacto con el Padre, ya que su relación con Abraham era por amor. La Escritura dice además que ella lo llamaba "Señor" por reverencia.

Después de que los Israelitas recibieron la Torah en el Monte Sinaí, no obstante se comportaron como Agar, adorando al becerro de oro. Ellos llamaron a la imagen con el Nombre del Padre, hicieron su propia fiesta y la celebraron. Al igual que Agar, el esclavo rápidamente se vuelve a lo anímico en vez de al comportamiento espiritual. Una persona con la Torah escrita en su corazón está en una relación de amor con la Palabra. Este es el verdadero hijo de Israel, la descendencia de Sarah, no una descendencia Ismaelita burlona de la esclava Agar. Isaac fue el hijo que internalizo las enseñanzas de su padre Abraham, porque en Génesis 26:5, el Padre le dice a Isaac que el heredara la promesa de su padre "por cuanto Abraham oyó mi voz y guardó mi precepto, mis mandamientos, mis estatutos y mis leyes."

¿Acaso nosotros no queremos ser los "hijos amados" de nuestro padre Abraham y de nuestro Padre Celestial?

> *Guarda bien el testimonio; sella la ley entre mis discípulos. El Señor ha escondido su rostro del pueblo de Jacob, pero yo esperaré en él, pues en él tengo puesta mi esperanza. Aquí me tienen, con los hijos que el Señor me ha dado. Somos en Israel señales y presagios del Señor Todopoderoso, que habita en el monte Sión. Si alguien les dice: «Consulten a las pitonisas y a los agoreros que susurran y musitan; ¿acaso no es deber de un pueblo consultar a sus dioses y a los muertos, en favor de los vivos?», ¡A la ley y al testimonio! Si no dicen conforme a esto, es porque no les ha amanecido.*
> **Isaías 8:16-20**

Isaías menciona más palabras del racimo de expresiones equivalente: Torah, testimonio, palabra. El hasta menciona a los "hijos." La Torah es algo que esta sellado sobre los discípulos, o estudiantes de la Torah. De hecho Isaías dice que si no hablan conforme al testimonio y la palabra de la Torah a ellos no les ha "amanecido." ¿Qué significa esto?

A través de toda la Escritura hay parábolas. Una parábola ayuda al ser humano a percibir conceptos espirituales, que no pueden ser vistos, a través de lugares y objetos físicos que si pueden ser vistos. Por esta razón algunas profecías son vistas como desplazadas, ya que en una misma generación vendrán profecías en contra de reinos, tales como

Tiro, Asiria, y Babilonia. Cada rey representa un aspecto de la parábola, y como ejemplo, el Rey de Babilonia esta mencionado en los dos, en Isaías y Apocalipsis. Babilonia puede ser descrita tanto como masculina o femenina, porque es una parábola. En Apocalipsis Babilona esta descrita como "caída, caída." Esta es una conexión temática a dos importantes pasajes de las Escrituras. En Isaías, la parábola está dirigida al Rey de Babilonia:

> *¡Cómo has caído del cielo, lucero*
> *de la mañana! Tú, que sometías a*
> *las naciones, has caído por tierra.*
> *Decías en tu corazón: «Subiré hasta*
> *los cielos. ¡Levantaré mi trono por*
> *encima de las estrellas de Dios!*
> *Gobernaré desde el extremo norte,*
> *en el monte de la asamblea (moed).*
> *Subiré a la cresta de las más altas*
> *nubes, Seré semejante al Altísimo.»*
> **Isaías 14:12-14**

La aspiración del Rey de Babilonia, que un día fue "hijo de la aurora," era ascender a un trono sobre el monte de *moed*. Esto alude a las "fiestas señaladas" al cual el rebaño de hombres se reunirá con corazones llenos del Espíritu por la Torah. Cuando él era la "estrella de la mañana, hijo de la aurora," el Rey de Babilonia era un siervo obediente. Cuando el decidió levantarse sobre el trono y gobernar sobre las santas, fiestas espirituales, sin embargo, el cayo. Ahora, Yeshua el siervo obediente, es el "lucero de la mañana." Él está restaurando a todos, Judío y Gentil, al monte del *moed*, juntando el rebaño de ovejas del Padre. Yeshua no quiere ascender sobre las "estrellas de Dios," él quiere HACER estrellas de Dios, luces que brillan en la oscuridad tal como Juan escribió acerca de en Apocalipsis. Porque la autoridad es derivada de la obediencia, el Padre le dio a Yeshua toda la autoridad de sentarse en el Trono al lado de Él, por cuanto el sacrificó su propia vida para acercar a los Gentiles justos de su situación débil en medio de las naciones. El vino a juntar a ellos en las nubes hacia él, así como el Ángel de la Presencia en la nube, se le dio autoridad del Nombre de proteger y llevar a los Israelitas en el desierto; en efecto, las dos "mujeres" son llevadas al desierto en el Apocalipsis.

Las profecías apocalípticas de Isaías y Juan tienen algo en común: ellos reiteran la necesidad de separar la luz de la oscuridad, reconociendo la autoridad espiritual. Ellos reconocen a la Estrella de la Mañana. La Torah es Luz y el mandamiento una lámpara. Y *"Yo, Jesús he enviado a mi ángel para darles a ustedes testimonio de estas cosas que conciernen a las iglesias. Yo soy la raíz y la descendencia de David, la brillante estrella de la mañana."* [11] Si uno quiere entender los siete sellos del Apocalipsis, es tan simple como seguir las pistas espirituales de las Escrituras en la Torah, a través de los Profetas, los Escritos, a través de los Evangelios, hasta el libro de Apocalipsis.

> *Nos selló como propiedad suya y puso su Espíritu en nuestro corazón, como garantía de sus promesas.*
> **2 Corintios 1:22**

> *En él también ustedes, cuando oyeron el mensaje de la verdad, el evangelio que les trajo la salvación, y lo creyeron, fueron marcados con el sello que es el Espíritu Santo prometido.*
> **Efesios 1:13**

> *No agravien al Espíritu Santo de Dios, con el cual fueron sellados para el día de la redención.*
> **Efesios 4:30**

11. Apocalipsis 22:16 Isaías asegura a sus lectores en su profecía que los discípulos de Yeshua tienen los dos, la Palabra y el

testimonio sellados en ellos. Si no, ellos no tienen la "aurora" que está asociada a la "Estrella de la Mañana," Yeshua. Cuando los siete sellos de Apocalipsis son abiertos, es el Espíritu Santo que busca a los malvados para destrucción, a pesar de todo busca a los justos para su reunión final:

> ¿Alguna vez en tu vida le has dado
> órdenes a la mañana, o le has
> hecho saber a la aurora su lugar,
> para que tomen la tierra por sus
> extremos y sacudan de ella a los
> malvados? La tierra adquiere forma,
> como arcilla bajo un sello; resaltan
> sus rasgos como los de un vestido.
> **Job 38:12-14**

Judíos y Gentiles creyentes que tienen la aurora de la Torah sellada en su corazón conocen su lugar, y es en pacto con la Palabra de Dios. Ellos son barro cambiado bajo el sello del Espíritu Santo, y sus corazones cambiados son revelados. Por otro lado, la huella del sello revela dos cosas: el que cede a la presión de lo Escrito y el que se resiste y se opone. La misma Torah revela a los dos, al estudiante de la Palabra y al que se resiste.

7

PROBANDO TODO JUNTO: ESPÍRITU, ALMA Y CUERPO

Los Rollos de Torah modernos mayormente están envueltos en lino y asegurados con una banda. De la misma forma, los seres humanos son como los rollos de la Torah. Las Tablas de los mandamientos dados a Moisés estaban escritos por delante y por atrás. Como un sello en la arcilla, lo que estaba escrito era los dos, revelado y oculto. El Rollo con los siete sellos del Apocalipsis está de la misma manera, escrito por afuera y por adentro.

Cada creyente en Yeshua tendrá mandamientos escritos por afuera. Algunos tendrán más escritos que otros, porque ellos habrán estado aprendiendo y practicando más tiempo. Lo que realmente importa, es lo que está escrito por ADENTRO del rollo, lo que esta sellado en el corazón. En el Reino Mesiánico, la Torah saldrá, y la enseñanza y el aprendizaje continuaran:

> ¡Vengan, subamos al monte
> del Señor, a la casa del Dios de
> Jacob!, para que nos enseñe sus
> caminos y andemos por sus sendas.»
> Porque de Sión saldrá la enseñanza,

de Jerusalén la palabra del Señor.
Isaías 2:3

Préstame atención, pueblo mío;
óyeme, nación mía: porque de mí
saldrá la enseñanza, y mi justicia
será luz para las naciones.
Isaías 51:4

Enseñanza y aprendizaje continuaran, pero lo que un discípulo tiene que discernir es si lo escrito por afuera corresponde al hombre-espiritual por dentro, la parte de él que anhela hacia la Torah Espiritual de arriba. Si los hechos no reflejan lo escrito adentro, entonces algo está mal. De igual modo, si el escrito por fuera refleja muchas de las obras de la Torah, pero no hay transformación espiritual por dentro, nuevamente algo está mal. Solamente el Espíritu Santo puede discernir entre lo que está revelado y oculto en el rollo, pero cuando los sellos se abren, todas las cosas serán reveladas.

¡A la ley y al testimonio! Si no dicen
conforme a esto, es porque no les
ha amanecido.
Isaías 8:20

Torah ≈ testimonio ≈ palabra ≈ aurora

Ésta es la revelación de Jesucristo,
que Dios le dio para mostrar a sus
siervos lo que sin demora tiene que
suceder. Jesucristo envió a su ángel
para dar a conocer la revelación a
su siervo Juan, quien por su parte da
fe de la verdad, escribiendo todo lo
que vio, a saber, la palabra de Dios
y el testimonio de Jesucristo.
Apocalipsis 1:1-2

Palabra de Dios ≈ Testimonio de Jesucristo

*Entonces el dragón se enfureció
contra la mujer, y se fue a hacer
guerra contra el resto de sus
descendientes, los cuales obedecen
los mandamientos de Dios y se
mantienen fieles al testimonio de
Jesús.*
Apocalipsis 12:17

Mandamientos de Dios ≈ Testimonio de Jesucristo

Los hijos que guardan los mandamientos de Dios y el Testimonio de Yeshua son estudiantes especiales sellados con el Espíritu Santo de la Promesa. Ellos están envueltos en la Torah, pero no como esclavos renuentes. Ellos son los dos, nativos y extranjeros [12] acercados por un corazón renovado. Ellos están en la nube con Yeshua en el desierto de la prueba; ellos son estrellas de testimonio con Yeshua porque son la simiente de Abraham [13]; ellos tienen la aurora, porque ellos están aprendiendo a separar de la Luz de la Torah de la oscuridad del pecado.

12.] "Por eso la promesa viene por la fe, a fin de que por la gracia quede garantizada para toda la descendencia de Abraham; esta promesa no es sólo para los que son de la ley sino para los que son también de la fe de Abraham, quien es el padre que tenemos en común... (Romanos 4:16). No importa donde ese el extranjero en su camino, él es justificado por fe en Yeshua, la Palabra que es capaz de traerlo a su plenitud, escribiendo en las tablas de su corazón.

13. Génesis 15:5

*Luz se ha sembrado para el justo,
y alegría para los rectos de corazón.*
Salmo 97:11

La Torah es la semilla de luz en el corazón del justo. Los dos justos, Judío y Gentil podrán caminar en las buenas obras de la Torah, porque esas obras se originaron en el Creador, y nosotros hemos sido creados en su imagen. A través del testimonio de Yeshua, que todos podamos ser sellados en la Torah, obras preparadas para nosotros, por lo que lo único que tendremos que hacer es aprender a caminar en ellas siguiéndolo a Él.

*Porque somos hechura de Dios,
creados en Cristo Jesús para buenas
obras, las cuales Dios dispuso
de antemano a fin de que las*

pongamos en práctica.
Efesios 2:10

APÉNDICE A

En el Judaísmo *G'zerah Shavah* (Equivalencia de Expresiones) es una deducción o analogía hecha de dos textos distintos en la base de frases similares, palabra o raíz. Por cuanto la Ley Oral Judía [14] es un extenso cuerpo de detalles acerca de la Torah escrita, la técnica usualmente se aplica para interpretar el significado de una instrucción especifica. Si las instrucciones son distintas entre ellas, están sujetas a la misma aplicación. ¡Esto suena más complicado de lo que es!

La palabra *gezerah* usualmente se refiere a una ley (Daniel 4:17) y se refiere a la comparación de dos leyes similares. En otras palabras, si la misma palabra aparece en dos pasajes, entonces el significado aplicado en uno de los pasajes, también debería ser usado para el otro. Equivalencia de expresiones *(gezerah shavah)* puede ser abusada para hacer extravagantes saltos de lógica, para seguir adelante, ya sea como una herramienta en un Seminario Cristiano o en una Yeshiva Judía, debería hacerse con precaución. Ejemplos nos ayudaran a entender:

Comparando 1 Samuel 1:10 con Jueces 13:5 usando la frase "no pasara navaja sobre su cabeza," podemos concluir que Samuel como Sansón, eran Nazareos [15]. Sansón y Samuel fueron Nazareos de por vida, pero también sabemos que había la posibilidad para aquellos que quisieran hacer un voto Nazareo por solo un tiempo específico:

Ésta es, pues, la ley del nazareo el día que se cumpla el tiempo de su Nazareato: Vendrá a la puerta del Tabernáculo de reunión…
Entonces el nazareo se afeitará su

14. La Mishnah es la más antigua colección de la Ley Judía, la cual es una aclaración practica de como guardar la Torah, la cual frecuentemente es breve, haciéndonos sentir querer hacer algo sin saber cómo. La Mishnah fue trasmitida oralmente hasta la destrucción del Segundo Templo, y de allí fue finalmente registrada por escrito. El Talmud se elaboró de adiciones y comentarios en la Mishnah en siglos posteriores.

cabeza consagrada a la puerta del Tabernáculo de reunión, tomará los cabellos de su cabeza consagrada y los pondrá sobre el fuego que está debajo de la ofrenda de paz. Después tomará el sacerdote la pierna cocida del carnero (cuando haya sido hecho), una torta sin levadura del canastillo y una hojaldre sin levadura, y las pondrá (ellos) sobre las manos del nazareo, después que sea afeitada su cabeza consagrada (cabello).
Números 6:13, 18-19

Usando equivalencia de expresiones, el lector concluye que Pablo participo activamente en un voto Nazareo por un tiempo específico y trajo sacrificios durante su ministerio. Notablemente, el continuo haciendo esto después de muchos años de la muerte y resurrección de Yeshua:

15. El Capítulo 6 de Números detalla lo que uno hombre o una mujer puede hacer para entrar en un periodo de una devoción más intensa para Dios. Brevemente, el Nazareo no se corta el cabello, no toma o come productos de la uva. Al terminar su voto, el cabello consagrado es cortado y ofrecido con un sacrificio.

Pablo permaneció allí muchos días. Luego se despidió de los hermanos y navegó a Siria, junto con Priscila y Aquila. En Cencrea se rapó la cabeza, porque tenía hecho voto.
Hechos 18:18

Tómalos contigo, purifícate con ellos y paga sus gastos para que se rasuren la cabeza; y todos comprenderán que no hay nada de lo que se les informó acerca de ti, sino que tú también andas ordenadamente, guardando la Ley.
Hechos 21:24

La similitud en las palabras, frases y temas entre Hechos y Numeros es la clave para establecer paralelos entre los dos pasajes, relacionando la Torah con las obras de Pablo. La Torah establece la semilla para el voto Nazareo; Samuel y Sansón son ejemplos prácticos de aquellos que funcionan como Nazareos; y Pablo lo demuestra para aquellos que desean la función de liderazgo y profecía, el voto Nazareo era todavía una (exterior) señal de justicia deseada para el seguidor de Yeshua. Pablo no considero ya sea las instrucciones de la Torah o su aplicación como una obra de justicia-propia, sino un acto de fe siguiendo un deseo espiritual para una fe más grande, por cuanto *"fe sin obras está muerta" (Santiago 2:17, 26).*

En vez de inventar una nueva forma para aumentar su fe, Pablo siguió las instrucciones de la Torah, *"porque no os es cosa vana; es vuestra vida," (Deuteronomio 32:47).* Por cuanto Pablo identifica a Yeshua como La Palabra Viva, guardando el voto Nazareo debe haber sido una experiencia altamente espiritual, no solo física.

PREGUNTAS PARA REVISIÓN

1. Lee Deuteronomio 32:1-47 para poder tener un contexto más amplio de su discurso a los Israelitas. Basado en los versos de introducción, 1-2, explica como la Torah (Ley) en el verso 46 es un buen ejemplo de la raíz de la palabra Torah, *yarah*.

2. El cuadro de abajo es un simple ejercicio en definir de si Adonai prefiere describir Su Torah como un policía o juez (ley), o como un maestro (instructor) correcto. En el lado izquierdo hay una columna calificada "NEGATIVO – ley." La columna derecha es calificada "POSITIVO – instrucción." Lee el Salmo 119 completamente y asigna cada uso de la palabra "ley" en una de las columnas, dependiendo de cómo tu percibes su uso en el texto. Usa los números de los versos para que lleves un registro. En la columna calificada "Pista de Palabra," da una palabra o frase que te inspiro a asignar la palabra en la columna positiva o negativa.

	SALMO 119	
NEGATIVO - LEY	PISTA DE PALABRA	POSITIVO - INSTRUCCION
	"bienaventurados..."	

3. Lee los siguientes versos en Apocalipsis: 1:2; 1:9; 6:9; 19:13; 20:4. ¿Tú crees que el "testimonio" y "La Palabra de Dios" son distintas o lo mismo?

4.Lee Deuteronomio 6:6-9 y encuentra todas las expresiones equivalentes. Enuméralos a continuación en relación el uno al otro. ¿Algunos de ellos son equivalentes, sin embargo opuestos? Explícalo.

5. Encuentra la expresión equivalente en el verso siguiente:

Ata el testimonio, sella la instrucción (Torah) entre mis discípulos. (Isaías 8:16)

Testimonio = _____

Ata = _____

6. El Rollo de la Torah en una Sinagoga está envuelta en lino y cubierta con un bello manto bordado, y adornada con una "corona." ¿Cómo esto simboliza a la Palabra Viva, Yeshua? ¿Cómo esto simboliza a un discípulo de Yeshua que guarda el Testimonio y los mandamientos?

ACERCA DE LA AUTORA

La **Dra. Hollisa Alewine** tiene una Licenciatura en Ciencias y Maestría de la Universidad de Texas A&M y un Doctorado de la Escuela de Post Grado de Oxford.

Ella es la autora de *Standing with Israel: A House of Prayer for All Nations* (De Pie con Israel: Casa de Oración para Todas las Naciones)

The Creation Gospel Bible study series (El Evangelio de la Creación, series de estudios Bíblicos)

Y programadora de Hebraic Roots Network (Canal de Raíces Hebreas)

La Dra. Alewine es una estudiante y maestra de la Palabra de Dios.